T0027298

El tiburón

El tiburón

Melissa Gish

Vida salvaje

CREATIVE EDUCATION
CREATIVE PAPERBACKS

Publicado por Creative Education y Creative Paperbacks
P.O. Box 227, Mankato, Minnesota 56002
Creative Education y Creative Paperbacks son marcas
editoriales de Creative Company
www.thecreativecompany.us

Diseño de Tom Morgan (www.bluedes.com)
Dirección de arte de Rita Marshall
Producción de Ciara Beitlich
Editado de Alissa Thielges
Traducción de TRAVOD, www.travod.com

Fotografías de 123RF (cbpix, morris1948, Judy Picciotto), Alamy (Mark Conlin, RooM the
Agency, Jeff Rotman, Martin Strmiska, Visual&Written SL), Corbis (Reinhard Dirscherl, David
Doubilet, Andy Murch), Dreamstime (Chrismoncrieff, Cphoto, Irondart, Michaeljung), Flickr
(Bio Diversity Heritage Library, Fabio Colonna/Bio Diversity Heritage Library, Jonathan
Couch/Bio Diversity Heritage Library, Harold W McCormick/Bio Diversity Heritage Library),
Getty (Georgette Douwma, Stephen Frink, Steven Hunt, pdil), iStock (atese, Chuck Babbitt,
Chris Dascher, John Stublar, USO), Shutterstock (Ramon Carretero, Sophie Hart, art nick,
Pete Niesen, solarseven, Vorobiov Oleksii 8), Wikimedia Commons (Catharine Lorillard
Wolfe Collection, Wolfe Fund, 1906)

Copyright © 2024 Creative Education, Creative Paperbacks
Todos los derechos internacionales reservados en todos los países.
Prohibida la reproducción total o parcial de este libro por cualquier
método sin el permiso por escrito de la editorial.

Library of Congress Cataloging-in-Publication Data
Names: Gish, Melissa, author.
Title: El tiburón / Melissa Gish.
Other titles: Sharks. Spanish
Description: Mankato, Minnesota : Creative Education and Creative
  Paperbacks, [2024] | Series: Vida salvaje | Includes index. | Audience:
  Ages 10–14 | Audience: Grades 7–9 | Summary: "Brimming with photos and
  scientific facts, Sharks treats middle-grade researchers and wild animal
  lovers to a comprehensive zoological profile of these fantastic ocean
  fish. Translated into North American Spanish, it includes sidebars, a
  range map, a glossary, and a Hawaiian shark tale"— Provided by
  publisher.
Identifiers: LCCN 2022051763 (print) | LCCN 2022051764 (ebook) | ISBN
  9781640267503 (library binding) | ISBN 9781682773024 (paperback) |
  ISBN 9781640009165 (ebook)
Subjects: LCSH: Sharks—Juvenile literature.
Classification: LCC QL638.9 .G5718 2024 (print) | LCC QL638.9 (ebook) |
  DDC 597.3—dc23/eng/20221110

Impreso en China

CONTENIDO

El sol brilla a través de las escasas nubes, calentando el océano. Por debajo del agua aparece una sombra y una aleta gris del largo de un brazo humano surca las olas. Siguiendo el olor de un pez sangriento que hace las veces de carnada, emerge un gran tiburón blanco. Conforme alguien jala la carnada acercándola hacia un bote, el tiburón la sigue instintivamente. De pronto, el tiburón se descubre atrapado y levantado del agua en una cuna de metal del tamaño de un pequeño auto. Los veterinarios y los científicos de inmediato saltan sobre el lomo del tiburón. El tiburón podría arrojar a los investigadores al mar con un movimiento súbito de su cuerpo. Podría girar su cuerpo y arrancarles los brazos a sus captores de un mordisco; pero no lo hace. Increíblemente, yace quieto y les permite a los científicos sujetar una pequeña etiqueta electrónica a su aleta dorsal. Tras recibir una inyección de medicamento para ayudarlo a recuperarse, el tiburón es liberado al mar para empezar a transmitir información que quizás algún día revele sus secretos.

Los dientes aserrados del tiburón blanco están diseñados para rasgar y desgarrar a su presa, no para masticar.

Depredador perfecto

El tiburón es uno de los peces más diversos en el mar y uno de los más antiguos del planeta. Habita todos los océanos de la Tierra —incluso las aguas que rodean la Antártida.

El tiburón pertenece a la clase de los condrictios. Este es un grupo de peces con mandíbula cuyos esqueletos están hechos de **cartílago** en lugar de hueso. Se han descubierto cientos de especies diferentes de tiburones y cada año se descubren más. El tiburón y sus parientes más cercanos, las rayas y las mantarrayas, están en la subclase Elasmobranchii y se los suele llamar elasmobranquios.

Hace unos 30 millones de años, las diferentes especies de tiburones **evolucionaron** hasta desarrollar la mandíbula superior articulada y las membranas nictitantes (párpados internos transparentes) que caracterizan a los tiburones modernos. Solo el tiburón anguila ha conservado ciertas características primitivas similares a sus ancestros. Este morador de las profundidades del mar, parecido a una anguila, tiene una mandíbula superior que es parte del cráneo y carece de membranas nictitantes.

Las diferencias en la colocación de la mandíbula, la forma del cuerpo y las aletas y el comportamiento muestran cómo cada especie de tiburones se ha **adaptado** a un modo de vida particular. Las características físicas generales también determinan cómo los científicos dividen a los tiburones en ocho órdenes. Esta clasificación no tiene tanto que ver con el tamaño sino con la forma de la mandíbula y las aletas del tiburón. Por ejemplo, el orden conocido como tiburón macarel contiene tanto al tiburón peregrino, que llega a tener una longitud de hasta 40 pies (12 metros), y al tiburón duende, cuya longitud máxima es de 12 pies (3,7 m).

L os tiburones deben vivir en agua salada, pero algunos, como el tiburón fluvial birmano, frecuentan **estuarios** y ríos **salobres**. El tiburón sarda suele nadar en las costas y se lo ha encontrado internado en el río Mississippi hasta St. Louis, Missouri. El tiburón martillo y el tiburón tigre prefieren las aguas de los océanos tropicales con temperaturas superiores a los 70 grados Fahrenheit (21 grados Celsius). El tiburón toro, el tiburón azotador y la pintarroja prefieren aguas templadas de entre 50 y 70 °F (10 a 21 °C). Y las aguas con temperaturas menores a 50 °F (10 °C) son el hogar del tiburón anguila y el tiburón duende. Se ha sabido incluso que el tiburón dormilón vive bajo grandes áreas de hielo flotante cerca de los Polos Norte y Sur.

El famoso gran tiburón blanco, que se encuentra en los océanos de todo el mundo, caza tanto en la superficie como a 1.000 pies (305 m) de profundidad. Este ejemplar puede llegar a medir hasta 20 pies (6 m) de largo y puede pesar hasta 5.000 libras (2.268 kilogramos). Aún así, al gran tiburón blanco lo supera en tamaño el tiburón ballena, el gigante de las profundidades y el pez más grande del planeta. El tiburón ballena puede medir más de 40 pies (12 m) de largo y pesar más de 20 toneladas (18 toneladas métricas). Sin embargo, menos del 20 por ciento de todas las especies de tiburones llegan a medir más de 5 pies (1,5 m) de largo. Una de las especies más pequeñas, el tiburón pigmeo, mide un poco más de 10 pulgadas (25 centímetros) de largo.

Muchos tiburones recorren grandes distancias para seguir bancos de peces migrantes y así tener una fuente de alimento disponible.

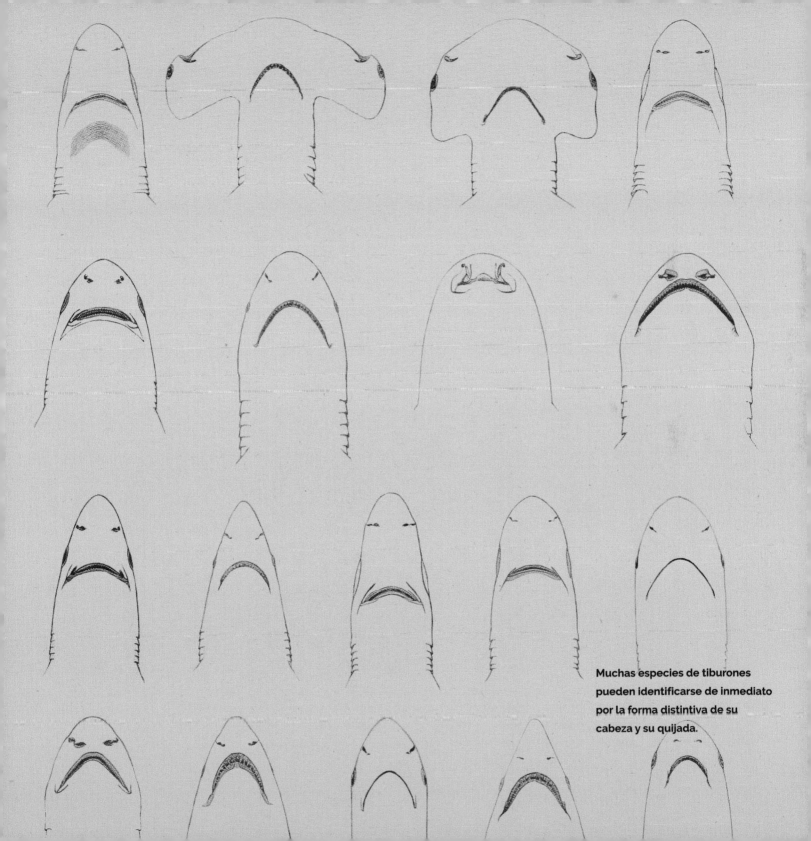

Muchas especies de tiburones pueden identificarse de inmediato por la forma distintiva de su cabeza y su quijada.

En qué parte del mundo vive

Cientos de especies de tiburones habitan en partes de todos los océanos del mundo. Mientras que algunas especies frecuentan las aguas poco profundas cerca de las costas, otras procuran las aguas más profundas del mar abierto. Los números en el mapa representan ubicaciones comunes de ocho especies de tiburones.

2. Tiburón limón: a lo largo de las líneas costeras del Atlántico subtropical y tropical de América del Norte y América del Sur

1. Gran tiburón blanco: aguas costeras de los principales océanos, especialmente cerca de las costas del sur de Australia, África y California

8. Tiburón punta blanca de arrecife: alrededor de arrecifes de coral en los Océanos Índico y Pacífico

Océano Pacífico

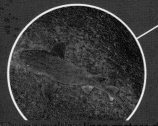

7. Tiburón nodriza: línea costera del oeste del Atlántico, desde Rhode Island hasta Brasil; el este del Pacífico, desde Baja California hasta Perú; la línea costera del este del Atlántico de África central

3. Tiburón martillo: en todo el mundo, en aguas costeras cálidas

4. Tiburón alfombra: el oeste del Océano Pacífico y el este del Océano Índico, alrededor de Indonesia y Australia

5. Tiburón tigre: aguas tropicales y templadas de todos los océanos, especialmente alrededor de las islas del centro del Pacífico

6. Tiburón ballena: aguas tropicales y templadas de los mares abiertos

Océano Atlántico

Océano Índico

El tiburón tiene una relación **simbiótica** con las rémoras, los pequeños peces que limpian su piel a cambio de comerse las sobras de las presas del tiburón.

Cada especie de tiburones se ha adaptado a vivir a una profundidad específica en el agua. Por ejemplo, la coloración de la mayoría de los tiburones que viven en el fondo es oscura y moteada como el suelo arenoso del océano. Esto le da un camuflaje a los moradores del fondo del mar como los angelotes y los tiburones alfombra para que puedan atrapar presas desprevenidas. Otros tiburones son de color azul brillante, gris o blanco plateado para confundirse con los colores de su hábitat en mar abierto.

La mayoría de los peces óseos tienen una vejiga natatoria, un saco o bolsa llena de gas que regula la flotabilidad del pez, manteniéndolo a flote cuando no se está moviendo. Sin embargo, el tiburón no tiene vejiga natatoria. Si deja de nadar, se hunde. Al igual que todos los peces, el tiburón respira a través de rendijas en su cuerpo llamadas branquias. El tiburón debe nadar continuamente con la boca abierta para respirar. El agua es empujada hacia atrás por encima de las branquias, donde las membranas delgadas recolectan el oxígeno y lo transfieren hacia el torrente sanguíneo del tiburón. Las especies de tiburones que viven en el fondo son la excepción; no solo pueden descansar sobre el suelo marino, sino que pueden seguir respirando allí usando pequeñas rendijas detrás de cada ojo llamadas espiráculos para bombear el agua hacia sus branquias.

Una característica única que los elasmobranquios comparten es su piel cubierta de dentículos. En lugar de escamas, el tiburón, las rayas y las mantarrayas tienen dentículos, o proyecciones parecidas a dientes que apuntan todas en una misma dirección. La piel lisa ofrece la menor resistencia al agua que fluye sobre ella conforme el tiburón nada. Esto le ayuda al tiburón a desplazarse silenciosamente y más rápido que sus presas.

El tiburón punta blanca de arrecife, también conocido como cazón coralero trompacorta, descansa entre las grietas de los arrecifes de coral por todo el Océano Pacífico.

La característica más valiosa del tiburón son sus dientes, que adoptan formas y tamaños distintivos, dependiendo de la especie. Por ejemplo, el gran tiburón blanco, el tiburón tigre y el tiburón arenero tienen dientes anchos en forma de cuña con bordes aserrados. Estos dientes están diseñados para rasgar trozos de carne de su presa. Los tiburones alfombra y varios tiburones de arrecife tienen dientes delgados con forma de navaja para atrapar y sujetar a los peces que luego tragan completos. Algunos tiburones, como el tiburón nodriza y los angelotes, tienen dientes aplanados que usan para aplastar crustáceos.

Los dientes del tiburón están organizados en filas y la mayoría tienen 5 filas de 20 a 50 dientes cada una. Cada una a dos semanas, conforme los

A diferencia de los dientes humanos, los dientes del tiburón no tienen raíces que los sostengan firmemente en su lugar, así que se pueden caer con facilidad cuando el animal se está alimentando.

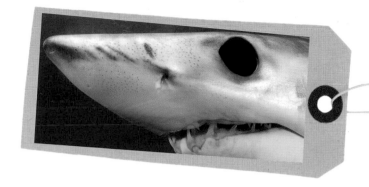

Los órganos sensoriales parecidos a puntos y llamados ampollas de Lorenzini llevan el nombre de la primera persona que los estudió en 1678: Stefano Lorenzini.

dientes se rompen o se gastan, los dientes de repuesto se mueven hacia delante. Algunos tiburones pueden llegar a tener hasta 50.000 dientes en toda su vida. Los dientes del tiburón contienen el compuesto mineral llamado hidroxiapatita de calcio. Esta es la misma sustancia que se encuentra en los dientes y huesos de humanos y animales.

El tiburón tiene cinco tipos de aletas diferentes. Dos aletas pectorales detrás de las branquias se usan para el movimiento vertical y la dirección. Un par de aletas pélvicas en la parte inferior del cuerpo evita que los tiburones rueden, y la aleta caudal, o cola, ayuda al tiburón a impulsarse hacia delante. Una o dos aletas dorsales (o espinas en algunas especies) en la espalda también estabilizan al tiburón. La aleta anal cerca de la cola proporciona estabilidad adicional en ciertas especies. El tiburón puede maniobrar rápidamente, pero no puede detenerse abruptamente o retroceder.

Unos poros diminutos llamados ampollas de Lorenzini se ven como puntos negros en la cara y son órganos sensoriales especiales. Estos le permiten al tiburón detectar diferencias en las señales **electromagnéticas**, como las emitidas por peces heridos o por otros tiburones mientras se alimentan. La piel del tiburón también contiene muchos poros que llevan hacia pequeños órganos sensoriales dentro de su cuerpo llamados líneas laterales. Estos órganos le dicen al tiburón cuándo acelerar, desacelerar, cambiar de dirección y corregir su postura en el agua.

Variedad increíble

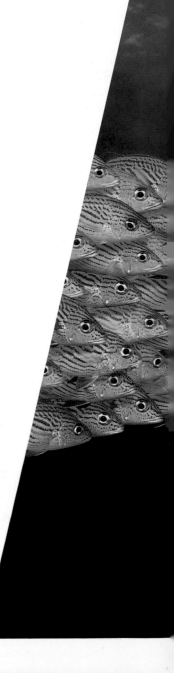

El instinto parece obligar a algunas especies de tiburones, incluyendo al gran tiburón martillo, a reunirse en bancos para alimentarse. Se sabe que los tiburones vaca cazan en forma cooperativa, en manada, para matar focas y delfines. Otros tiburones, como el gran tiburón blanco y el tiburón tigre, son solitarios.

Buscar comida es el instinto más fuerte del tiburón, así que día y noche los tiburones no hacen casi nada más que patrullar los mares en busca de alimento. Para sobrevivir, deben consumir el 2 por ciento de su peso corporal al día. Antes se creía que los tiburones nunca dormían porque permanecen siempre atentos a las presas, pero ahora los investigadores entienden que estos depredadores duermen por breves períodos y pueden mantener sus ojos abiertos mientras lo hacen.

Los tiburones más pequeños suelen permanecer en áreas donde abunda el alimento, como los arrecifes de coral, pero la mayoría de las especies de tiburones circula por los océanos de la Tierra para cazar. Muchos siguen rutas migratorias estacionales de peces o se reúnen a lo largo de las costas, donde las focas y los leones marinos recién nacidos y vulnerables se lanzan por primera vez al agua. El tiburón es un depredador de emboscada que se acerca rápidamente desde abajo de sus presas para atacar. El tiburón puede acechar a su presa durante millas y detectar sangre a 3 millas (4,8 kilómetros) de distancia usando sus dos sacos nasales, recubiertos con un tejido sensible. Su detección de olores es tan poderosa que el tiburón puede encontrar su camino siguiendo un rastro de olor en la oscuridad total.

El tiburón ballena es un filtrador, es decir, que simplemente abre la boca bien grande, recoge a las presas y filtra el agua.

El gran tiburón martillo, el más grande de los nueve tiburones martillo, come en grupo pero luego se dispersan al caer la noche.

El tiburón traga su comida entera en lugar de masticarla. Principalmente come peces, pero también caza mamíferos como los leones marinos. Para comer animales más grandes, deben arrancar trozos de carne antes de engullirlos. Este comportamiento provoca una actividad única entre los tiburones llamada «frenesí alimentario». Debido a que los tiburones no suelen defender un territorio de los intrusos, es común que tiburones de diferentes especies se alimenten juntos. Cuando los tiburones se reúnen a comer, a veces caen en un «frenesí»: se sienten cada vez más agitados y muerden ferozmente cualquier cosa y todo lo que esté a su alcance —incluso otros tiburones.

La mayoría de los tiburones son exigentes para comer. Prefieren alimentos grasosos y suelen escupir cualquier cosa que no sea nutritiva. Esta es la razón por la que la mayoría de los humanos que son mordidos por tiburones no son devorados —los humanos no son una comida favorita del tiburón. La muerte por una mordedura de tiburón suele ser el resultado de la pérdida de sangre; muy pocas personas que son mordidas por tiburones son comidas por ellos. Por otra parte, los restos de una ballena grasosa podrían proporcionar alimento durante varios días o semanas.

Aunque los tiburones se ven obligados a buscar comida por instinto, se cree que algunas especies son sumamente inteligentes. Un ejemplo de esto es el tiburón ballena. Los investigadores han observado a tiburones ballenas mostrar una conducta curiosa y amable en torno a buzos humanos que recuerda al comportamiento de los delfines. Además, aunque la mayoría de los tiburones en cautiverio simplemente se ponen ansiosos cerca de la hora de la comida, los tiburones ballena aprenden a colocarse tranquilamente en posición para que sus cuidadores puedan verter alimento en su boca a determinadas horas del día.

Los tiburones ballena sobreviven comiendo plancton y krill, organismos que pueden encontrarse en grandes cantidades, a la deriva, cual listones gigantes en el mar o flotando cerca de la superficie del agua. El tiburón ballena puede comer 5.200 libras (2.359 kg) de estas diminutas criaturas todos los días a través de un mecanismo de filtración. Los otros dos filtradores, que también son inofensivos para los humanos, son el tiburón peregrino y el tiburón boquiancho. El tiburón boquiancho de aguas profundas fue identificado por primera vez hace 30 años y desde entonces se lo ha visto menos de 40 veces.

Se sabe poco sobre la reproducción de los tiburones. Mientras que algunas especies de tiburones pueden aparearse una vez al año, otras pueden aparearse solo una vez cada dos o tres años. El tiburón tiene un **metabolismo** lento y no madura tan rápido como otros peces. La mayoría de las especies de tiburones empiezan a aparearse alrededor de los seis años de edad. Sin embargo, el tiburón limón no se aparea sino hasta que tiene 12 años y el cazón espinoso común debe tener 20. Aunque la mayoría de los peces óseos producen millones de huevos en una temporada, el tiburón produce muchas menos crías vivas. Dependiendo de la especie, la **gestación** dura desde cinco meses hasta dos años. La cantidad de crías que nacen cada vez pueden ser tan solo 2 o, en el caso del tiburón ballena, hasta 300.

Cada especie de tiburón da a luz de una de estas tres formas. Un tiburón vivíparo lleva a sus crías adentro de su cuerpo; luego, pare crías totalmente formadas de una manera similar a los mamíferos. Un tiburón ovíparo pone huevos en forma de cápsulas que contienen a los tiburones bebé en desarrollo. Las cápsulas rectangulares se dejan entre arrecifes de coral o lechos de plantas acuáticas para que puedan

La mayoría de las cápsulas de
huevos, como esta magnífica
cápsula de tiburón, parecen
plantas marinas y tienen forma
de almohada.

Los dientes del tiburón empiezan a crecer antes del nacimiento. Al examinar en 1982 a una hembra de tiburón toro embarazada, al biólogo Stewart Springer lo mordió una cría nonata.

anclarse. Su coloración se mimetiza con el entorno y los protege de los depredadores. Cuando está completamente desarrollada, cada cría de tiburón sale de su cápsula. Un tiburón ovovivíparo lleva dentro de su cuerpo los huevos que contienen a las crías. Las crías rompen el huevo mientras están todavía dentro de su madre, pero allí siguen creciendo hasta que son lo suficientemente fuertes para salir de su cuerpo.

V arias especies de tiburones practican la ovofagia, actividad en la que un tiburón en desarrollo se alimenta de sus hermanos mientras aún están dentro del cuerpo de la madre. Esto significa que nacen menos crías, pero como inician su vida siendo las crías más fuertes y más agresivas, tendrán una mayor probabilidad de supervivencia. La investigación ha determinado que las crías de tiburón desarrollan sus aletas y abren los ojos un mes antes de salir del huevo. La mayoría de los tiburones nacen o salen del huevo ya completamente formados e inmediatamente listos para buscar presas. Se sabe de tiburones recién nacidos que, en sus ansias por comenzar la vida como versiones en miniatura de sus progenitores depredadores, atacan a peces más grandes que ellos.

Unas cuantas especies de tiburones, como el tiburón limón, se quedan cerca de sus recién nacidos durante varias semanas para ahuyentar a los depredadores. Pero, por lo general, a las crías se las deja completamente a su suerte. La mayor amenaza natural de un tiburón es ser comido por un tiburón más grande, así que los juveniles tienden a permanecer en aguas costeras de poca profundidad o entre arrecifes de coral hasta que crecen lo suficiente para dejar de ser considerados presas. Se desconoce la expectativa de vida exacta del tiburón, pero se cree que la mayoría de las especies viven entre 20 y 30 años. La investigación continua para entender mejor el ciclo de vida del tiburón es fundamental para la protección de las poblaciones de tiburones en estado salvaje.

Las crías del tiburón limón permanecen hasta cuatro años en las aguas poco profundas en las que nacen antes de desplazarse hacia aguas más profundas.

Mala reputación

Pocos animales en el planeta son más temidos por los humanos que los tiburones. Sin embargo, no todos los tiburones merecen este temor. De hecho, menos del 20 por ciento de las especies de tiburones se consideran peligrosas para los humanos. A pesar de la creencia popular, el gran tiburón blanco tampoco es el tiburón más peligroso.

El tiburón tigre come casi cualquier cosa y es responsable de más encuentros mortales con los humanos que el gran tiburón blanco. Ciertas medusas presentan una amenaza mayor para las personas que nadan en los mares y océanos. Niños que han sido picados por una cubomedusa han muerto minutos después del incidente. Las abejas, las avispas y las serpientes también son responsables de más muertes humanas que los tiburones. Cada año se producen entre 50 y 75 ataques de tiburones; en promedio, solo 8 a 12 de estos incidentes son fatales.

La mayoría de los encuentros con tiburones que se dice que son «ataques», no son, de hecho, ejemplos de comportamiento agresivo. Los tiburones no tienen un interés natural por comer humanos; no obstante, si se topan con algo que puede ser alimento —incluidos los humanos—, por instinto lo probarán. Y la sangre atraerá de manera automática el interés del tiburón. Si, por ejemplo, un nadador se raspa el pie contra una roca, un tiburón detectará la sangre y, creyendo que ha encontrado comida, buscará al nadador.

Durante siglos, los humanos han cazado tiburones por sus aletas, sus dientes, su piel, su carne, su aceite y su cartílago.

Los tiburones sarda
no presentan una gran
amenaza para los buzos
siempre y cuando se los
trate con respeto.

Pero algunas personas no les temen a los tiburones. Los tiburones son figuras importantes en la tradición nativa hawaiana. Algunos hawaianos veneraban a los tiburones por considerarlos *aumakua*, o dioses familiares. Estas personas creían que algunos de sus ancestros habían tomado la forma de tiburón después de morir y protegían a la persona que soñaba con ellos. Muchos indígenas hawaianos también creían en un dios tiburón llamado Kamohoali'i, «El tiburón que camina erguido». Otras personas cazaban a los feroces tiburones blancos y a los tiburones tigre por sus dientes, su piel y otras partes aprovechables de su cuerpo. En 1778, el explorador británico James Cook fue el primer europeo en visitar las islas hawaianas. Recolectó de los indígenas varias herramientas y armas hechas con dientes de tiburón y parches de tambor hechas de piel de tiburón.

El capitán Cook también viajó a las islas de Tonga, cuyo pueblo siempre ha valorado a los tiburones como fuente de alimento. Hoy en día, aún se practica en Tonga el ritual de pesca de «llamar a los tiburones». Los pescadores agitan una sonaja de coco sobre la superficie del agua y cantan una canción tradicional para llamar a los tiburones. Atraídos por el sonido, los tiburones empiezan a aparecer. Entonces, los pescadores golpean el agua con palos y cantan «*Vili pea hoko*», que significa, «siguen los demás», para atraer a más tiburones. Finalmente, capturan a los tiburones usando carnadas vivas. Cuando los pescadores regresan a casa, toda la aldea se da un festín con la carne de tiburón.

Helicoprion, un tiburón que vivió hace unos 250 millones de años, tenía dientes que salían de su quijada en una espiral enrollada.

En las islas Fiyi, los exploradores de principios del siglo XX fueron testigos de la práctica de «besar al tiburón». Con una red, los pescadores capturaban un tiburón, lo volteaban boca arriba y besaban su vientre. Los fiyianos creían que besar a un tiburón protegía a los pescadores. En la isla de Sri Lanka todavía hay parejas de encantadores de tiburones que realizan rituales que se cree protegen a los buscadores de perlas.

Mientras que uno de los encantadores se encierra en un cuarto y canta, el otro se sumerge en el mar y recita un conjuro para alejar a los tiburones de los buzos que recogen ostras del lecho marino.

En Vietnam, los pescadores veneran al tiburón ballena y lo llaman Ca Ong, o Señor Pez. Aún hoy se construyen altares para solicitar la protección de Ca Ong en las dunas de arena a lo largo de la costa central y sur de Vietnam. No muy lejos, en Japón, ver un tiburón ballena se considera señal de buena suerte, aun cuando los japoneses cacen tiburones para comérselos.

El tiburón cebra se encuentra principalmente en las aguas costeras tropicales de los Océanos Índico y Pacífico occidental.

El tiburón cebra es bastante tranquilo, de movimientos lentos y pasa gran parte del tiempo descansando en la arena del fondo del mar, cerca de arrecifes de coral.

Cuando los exploradores europeos como Américo Vespucio, Vasco da Gama y Fernando de Magallanes se embarcaron hace más de 500 años, registraron sus encuentros con monstruos marinos gigantes, que, muy probablemente, eran ballenas y tiburones. Estas historias captaron la imaginación de las personas y los tiburones se volvieron víctimas de ideas erróneas que han persistido por generaciones. En 1947, Hans Hass, pionero del buceo, filmó una película llamada *Hombres entre tiburones*, que le dio a la mayoría de la gente las primeras imágenes de tiburones en estado salvaje.

En 1974, los tiburones recibieron amplia atención pública cuando el autor Peter Benchley escribió *Tiburón*. Después de oír que un pescador había atrapado un gran tiburón blanco de 20 pies (6 m), Benchley se preguntó qué pasaría si un pez semejante se mudara a las aguas de un complejo turístico y se negara a irse. Al año siguiente, el director Steven Spielberg filmó la película *Tiburón*, que despertó un temor irracional generalizado hacia los tiburones. La película también motivó a las personas a practicar la caza deportiva de tiburones —práctica que ha aumentado en las últimas décadas.

También se caza a los tiburones en todo el mundo para usarlos en productos de consumo. El hígado de tiburón contiene un aceite que se usa en cosméticos, lubricantes y base de pinturas. El cartílago se usa en muchas medicinas alternativas. Además, en algunos países está ganando popularidad el consumo de la carne y las aletas de tiburón cocidas. Los científicos calculan que se matan 100 millones de tiburones cada año.

Desafortunadamente, las prácticas de caza irresponsables, como el cercenamiento de aletas (cuando los pescadores solo se llevan las aletas de los tiburones) están provocando la reducción de muchas especies de tiburones. Después de atrapar a un tiburón, le cortan las aletas y lo devuelven al mar, ya sea muerto o a punto de morir por la pérdida de sangre y su incapacidad para nadar. Sus aletas suelen venderse en restaurantes o mercados para usarlas en un platillo llamado sopa de aleta de tiburón.

Una persona que trató de promover un cambio en la percepción que las personas tenían de los tiburones fue, irónicamente, Peter Benchley. El hombre que hizo una fortuna con el terror creado por *Tiburón* cambió su punto de vista sobre los tiburones al año siguiente de que se estrenara la película. Se convirtió en abierto defensor de la conservación del tiburón y escribió muchos libros de no ficción sobre tiburones para ayudar a las personas a entender que no todos los tiburones son de temer. Benchley también habló en la campaña del Fondo para la Defensa del Medio Ambiente para acabar con la caza excesiva del tiburón.

Cada año, la Unión Internacional para la Conservación de la Naturaleza (IUCN) compila una Lista Roja de Especies Amenazadas. Más de 200 especies de tiburones figuran en la lista, incluidos muchos angelotes, el gran tiburón blanco, el amable tiburón peregrino y el tiburón ballena, y más de una docena de variedades de tiburones gato. Algunas especies, como el tiburón del Ganges, el tiburón toro y el gran tiburón martillo, están en peligro crítico de **extinción** y podrían desaparecer en la próxima década.

Los tiburones también captan la atención de las personas cada verano durante la Semana del Tiburón de Discovery Channel, que ha sido un éxito televisivo desde 1988. Millones de personas sintonizan la programación sobre tiburones que dura una semana para ver programas dramáticos como *Shark After Dark Live*, *Jaws vs. Kraken* y *The Great Hammerhead Stakeout*, que incluyen una mezcla de elementos sensacionalistas que desdibujan la línea entre realidad y ficción. Estos programas se suman a los mensajes contradictorios de representaciones negativas de los tiburones y la necesidad de conservación de la especie.

Gracias a protecciones que implementó el gobierno en la década de 1990, las poblaciones del gran tiburón blanco en las costas de EE. UU. han ido en aumento.

Kalahiki, el dios tiburón

La cultura hawaiana está unida al océano y sus criaturas. El pueblo de *Hawaii Nei*, o «Amado Hawaii», la tierra ancestral, creía en muchos dioses, incluido Kamohoali'i, el dios tiburón. Los habitantes de la isla de Maui lo llamaron Kalahiki. La historia de Kalahiki ilustra la relación entre los pescadores y los tiburones en la tradición hawaiana.

Kalahiki, un enorme tiburón, disfrutaba nadar en las aguas profundas y azules de Maui. Su lugar favorito era un angosto estrecho con olas rugientes y veloces entre Maui y la diminuta isla de Kaho'olawe. El pueblo de Hawaii Nei consideraba que esta isla era *tapu*, o sagrada —tan sagrada, de hecho, que ningún humano podía siquiera acercarse.

Un día, un pescador decidió que su hijo ya tenía edad suficiente para acompañarlo a pescar. Preparados con redes y arpones, el pescador y su hijo salieron en su canoa en busca de alimento. Sus peces favoritos eran el ahi, el kumu y el manini.

Pescaron durante muchas horas pero no atraparon nada. En el horizonte se estaba formando una tormenta y todos los peces se estaban yendo a aguas más profundas.

El pescador y su hijo siguieron a los peces mar adentro. Planeaban atrapar suficientes peces para la cena y luego volver rápido a casa antes de que llegara la tormenta.

Pero la tormenta se desplazó rápidamente y, con ella, vino un fuerte viento que empujó la canoa hacia la isla de Kaho'olawe. El viento se arremolinaba y el cielo se tornaba cada vez más oscuro. Una densa niebla cubría la superficie del mar. El pescador y su hijo ya no podían ver tierra firme. Estaban perdidos.

Conforme el mar se embravecía, el pescador sostenía a su hijo para evitar que cayera por la borda. Y entonces lo vieron: una enorme aleta asomó de la superficie del agua y empezó a moverse en círculos alrededor de la canoa. Era un tiburón. El niño empezó a llorar; sus lágrimas caían en el agua profunda y azul.

El tiburón levantó su cabeza por encima de las olas. Allí fue cuando el pescador vio que no se trataba de un tiburón cualquiera: era Kalahiki, el dios tiburón.

«¿Quién derrama lágrimas en mi mar?», le preguntó Kalahiki al pescador. «Nunca antes le has temido al mar. ¿Por qué ahora le temes?».

«No le temo», respondió el pescador, «pero mi hijo jamás ha vivido una tormenta como esta en el mar. Estamos perdidos, y él tiene miedo».

«Te ayudaré», dijo Kalahiki, «pero quiero algo a cambio».

El pescador no había atrapado ningún pez ese día, así que no tenía nada que darle a Kalahiki. Todo lo que tenía a bordo de la canoa era awa, una fruta amarga usada para hacer una bebida poderosa que ayudaba al pescador

a mantenerse alerta mientras pescaba toda la noche. Le ofreció un poco a Kalahiki. Kalahiki probó el awa y le gustó su sabor penetrante.

«Dame un poco más», dijo.

El pescador obedeció. Entonces Kalahiki nadó hacia el frente de la canoa y agitó sus olas. Las olas se calmaron, el viento cesó y la niebla se elevó.

«Estoy te mostraré el camino de regreso a la isla», dijo Kalahiki, y guio al pescador y a su hijo a la seguridad de su casa.

Desde ese día, la tradición hawaiana dice que los pescadores siempre deben llevar consigo awa, aunque sea cuando salen a pescar, por si se pierden y necesitaran pedirle a Kalahiki que les muestre el camino de regreso a casa.

Jacques Cousteau inició su carrera en la marina francesa, pero se volvió famoso por sus estudios de la vida marina.

Revelando misterios

No se sabe mucho sobre los tiburones porque, hasta hace poco, se realizaban pocos proyectos de investigación profunda sobre el tema. Además, antes de 1975, se consideraba que los tiburones tenían poco valor **comercial**.

Pero a medida que las poblaciones de peces que solían proveer alimento en todo el mundo empezaron a disminuir, los tiburones, que abundaban, empezaron a atraer cada vez más a la industria pesquera. Se desarrollaron métodos más eficientes para pescar tiburones y, pronto, se los estaba pescando a una tasa alarmante. En tan solo poco tiempo, las poblaciones de muchas especies de tiburones decayeron drásticamente.

La investigación sobre tiburones no es un campo nuevo, pero sigue expandiéndose y el entendimiento del público sobre los tiburones crece con ella. Mucho antes de que el programa del conservacionista de vida silvestre Steve Irwin llamado *Cazador de cocodrilos* volviera populares en televisión los encuentros cercanos con animales peligrosos, hubo un **oceanógrafo** francés, Jacques-Yves Cousteau. También estuvieron la investigadora estadounidense de tiburones Eugenie Clark y los expertos

australianos de vida submarina Rod y Valerie Taylor. Todos ellos escribieron libros e hicieron documentales sobre nadar con tiburones.

Cousteau era un defensor de la conservación de los tiburones. Él y un ingeniero francés inventaron el equipo de buceo autónomo para permitir a la gente estudiar mejor a los tiburones y otras criaturas marinas. Clark, que era conocida como la «dama de los tiburones», empezó a estudiarlos en la década de 1960. Entre sus muchas contribuciones a ese campo estuvo su investigación que llevó al desarrollo de varios tipos de repelentes de tiburones. Estos dispositivos pueden alejar a los tiburones blancos y a los tiburones sarda de las áreas de natación y esto reduce los encuentros peligrosos con tiburones.

Las etiquetas de investigación se sujetan con pequeños dardos de metal que se insertan en la piel del tiburón.

Los buzos hacían las primeras observaciones de tiburones desde una «jaula» desde donde arrojaban carnadas para hacer que los tiburones se acercaran. La jaula que los investigadores suelen usar para estudiar a los tiburones en estado salvaje fue diseñada originalmente en la década de 1960 por el fotógrafo naturalista Peter Gimbel. Llamó a su invento el Elevador de Buzos Blue Meridian. Tenía su propio sistema de flotabilidad que le permitía subir y bajar a una velocidad seleccionada y detenerse a una profundidad en particular.

Al fotógrafo submarino Rod Taylor y su esposa, Valerie, campeona pescadora con lanza, les preocupaba la amenaza para los tiburones cuando la pesca aumentó en la década de 1970. Sus estudios produjeron mejoras en la seguridad de las jaulas y el equipo protector. Los Taylor pasaron una década desarrollando un traje de cota de malla similar al de los caballeros medievales, que resiste muchas formas de mordidas de tiburón. Valerie probó el traje con éxito, permitiendo que tiburones azules mordieran sus brazos y manos protegidos.

Las jaulas de tiburones, que alguna vez fueron de acero, actualmente suelen estar hechas de aluminio, que es fuerte, ligero y no le afecta el agua salada.

Para 1980, otros conservacionistas e investigadores ya se habían movilizado a favor de los tiburones. Ahora, cientos de organizaciones de todo el mundo estudian a los tiburones para poder educar al público en general y a los legisladores, quienes deben regular mejor las industrias de pesca de tiburones. La información que los científicos están descubriendo ahora se usa también para entender cómo funcionan los tiburones en el **ecosistema** global y para identificar formas en que los tiburones pueden incluso proporcionar recursos médicos para los humanos.

Actualmente, los investigadores han descubierto que al quedarse fuera del agua y no interferir con las actividades de los tiburones, pueden obtener una imagen más precisa del comportamiento normal de estos peces. Todos los días, los científicos de la Pelagic Shark Research Foundation se embarcan en botes para observar a los tiburones blancos alimentándose de las focas, leones marinos y otros animales cerca de la costa de California. Esta investigación sin intervención proporciona una imagen más clara de cómo se comporta el gran tiburón blanco en estado salvaje.

La raya látigo puede estar relacionada con los tiburones, pero también es presa del tiburón martillo y el tiburón limón.

Un tiburón grande levanta su cabeza fuera del agua alrededor de las colonias de focas para vigilar a las presas. Esta acción se llama "salto de espionaje".

Otros científicos insisten en elegir un enfoque de mayor intervención. Un tipo de investigación consiste en capturar tiburones tigre y colocarles pequeñas cámaras en el cuerpo. El dispositivo Crittercam, concebido en 1986 por el biólogo marino Greg Marshall, transmite imágenes desde el punto de vista del tiburón. Las Crittercams se han usado en animales marinos y terrestres con gran éxito.

Los científicos que trabajan con la Wildlife Conservation Society de Nueva York realizan investigaciones sobre el gran tiburón blanco cerca de la costa de Sudáfrica, donde los capturan y los levantan fuera del agua en grandes cunas por períodos de tiempo cortos para colocarles etiquetas monitoreadas por satélite. Así, el movimiento de los tiburones puede ser rastreado y grabado por un sistema de computadoras y satélites. Esto no daña al tiburón y los datos obtenidos son invaluables.

El rastreo satelital es una tecnología bastante nueva, pero desde hace muchos años hay un programa similar en los Cayos de Florida. Los científicos capturan a los tiburones nodriza con redes para estudiarlos. Revisan que cada tiburón ya tenga una etiqueta y si no la tiene, lo etiquetan. También les colocan emisores de ultrasonido a algunos tiburones; estos dispositivos envían señales de radio. A los tiburones les quitan cualquier anzuelo o parásitos que pudieran tener y luego los pesan y los miden. También toman un pedacito de aleta para comprobar el ADN del tiburón. Esto se hace para que los científicos puedan llevar registro de cómo se relacionan entre sí los tiburones marcados. Después liberan a los tiburones al mar hasta el próximo año.

También se realizan con frecuencia estudios sobre la inteligencia de los tiburones. Por ejemplo, algunos tiburones limón y algunos tiburones toro han sido entrenados por los investigadores para realizar ciertas conductas en respuesta a ciertos sonidos. Los tiburones limón han demostrado que pueden aprender más rápido y recordar dichas respuestas condicionadas durante más tiempo que animales fácilmente entrenables como los gatos o los conejos.

El tiburón alfombra recibe este nombre por sus elaborados dibujos en el lomo y su preferencia por permanecer acostado en el suelo marino.

La investigación demuestra que los tiburones son sumamente resistentes a la mayoría de las enfermedades, incluido el cáncer. A mediados de la década de 1980, los científicos del Laboratorio Marino Mote, en Florida, llevaron a cabo una serie de experimentos en tiburones, inyectándoles sustancias cancerígenas. Pero los tiburones permanecían saludables. Actualmente, los investigadores esperan descubrir el misterio de la resistencia de los tiburones a las enfermedades y aplicar ese conocimiento para ayudar a los humanos.

Las pintarrojas que habitan en el fondo del mar son populares entre los pescadores deportivos.

Cuando la pandemia de COVID-19 se propagó por todo el mundo en 2020, los investigadores descubrieron que los anticuerpos de los tiburones podían evitar que el SARS-CoV-2 (el virus que causa la COVID-19) infectara las células humanas. El tratamiento con anticuerpos puede ayudar a quienes están inmunocomprometidos y no responden bien a las vacunas. La investigación en tiburones también podría usarse en el futuro para atacar a otros virus, bacterias o incluso células cancerígenas.

La consciencia pública sobre el valor de los tiburones sigue creciendo. Con cada descubrimiento científico que se hace sobre los tiburones, se derriba un mito más. Hoy en día, en lugar de tenerles miedo a los tiburones, muchas personas están interesadas en aprender más sobre ellos y están dispuestas a apreciar el papel importante que estas fascinantes criaturas juegan en la Tierra.

HONRANDO A KAMOHO, EL TIBURÓN QUE CAMINA ERGUIDO

Inquieta está la isla de Kuaihelani
Abrumada por furiosos deseos
La turbulenta morada del tiburón que camina erguido
Elevándose silenciosamente más allá del horizonte

Las alas de Honua-ia-kea bambolean
Un velero que alardea entre un espejismo
Impulsado por los compañeros de viaje
Keaukai (la marea) y Keaumiki (la corriente)

La línea prominente vista
Desde la dorsal que corta la superficie del mar
Es el camino tembloroso de Kamohoali'i
Navegando hacia islas verdes

Ahora vira hacia Nihoa
Isla sacudida por el mar
Se dirige hacia Ka'ula
Isla a la que se llega en canoa
Ahora apunta la proa de la canoa hacia Ni'ihau
Kamohoali'i vira de nuevo

Se dirige hacia Kaua'i
Una vez más hacia O'ahu
Habilidoso es el timonel Kamohoali'i
Ahora vira hacia Maui
Una vez más hacia Hawai'i
Hacia un nuevo hogar en torres exuberantes

Honrando a Kamoho, el tiburón que camina erguido

Glosario

adaptarse – cambiar para aumentar las probabilidades de supervivencia en un ambiente.

ADN – ácido desoxirribonucleico; una sustancia que se encuentra en todos los seres vivos que determina la especie y las características individuales de ese ser.

camuflaje – capacidad para esconderse debido a sus colores o marcas que se confunden con un entorno determinado.

cartílago – el tejido conectivo firme y flexible unido a los huesos.

comercial – apto para hacer negocios y obtener una ganancia en lugar de hacerse por razones personales.

condicionar – hacer que respondan o se comporten de cierta manera como resultado de un entrenamiento.

ecosistema – una comunidad de organismos que viven juntos en un ambiente.

electromagnético – que describe la interrelación de los campos magnéticos y las corrientes eléctricas, o electricidad.

estuario – la boca de un gran río donde las mareas (de los océanos o mares) se unen con los cursos de agua.

evolucionar – desarrollarse gradualmente hasta adoptar una forma nueva.

extinción – el acto o proceso de extinguirse; acabarse o desaparecer.

flotabilidad – la capacidad para flotar en el agua.

gestación – el periodo de tiempo que le lleva a una cría desarrollarse dentro del vientre de su madre.

metabolismo – los procesos que mantienen vivo a un cuerpo, incluyendo usar los alimentos para obtener energía.

oceanógrafo – científico que estudia el océano y sus habitantes.

parásito – un organismo que vive sobre o dentro del cuerpo de otro ser vivo.

salobre – que contiene una mezcla de agua salada y agua dulce.

satélite – un dispositivo mecánico lanzado al espacio; puede estar diseñado para viajar alrededor de la Tierra o hacia otros planetas o el sol.

simbiótico – un tipo de relación entre dos seres vivos que es bueno para ambos.

Con 52 pies (16 m) de largo y un peso de 48 toneladas (44 t), *Carcharadon megalodon* era el pez más grande de la Tierra. Desapareció hace dos millones de años.

Bibliografía seleccionada

Pelagic Shark Research Foundation. "Homepage." http://www.pelagic.org.

Shark Research Institute. "Shark Species." https://www.sharks.org/species.

Shiffman, David. *Why Sharks Matter: A Deep Dive with the World's Most Misunderstood Predator.* Baltimore: Johns Hopkins University Press, 2022.

Skomal, Gregory. *The Shark Handbook: The Essential Guide for Understanding the Sharks of the World.* 2nd ed. Kennebunkport, Maine: Cider Mill Press, 2016.

Smithsonian Ocean. "Sharks." https://ocean.si.edu/ocean-life/sharks-rays/sharks.

Índice alfabético